AF268231

LETTRES

D'ICILIUS

SUR

l'état actuel des choses.

1828.

PREMIÈRE LETTRE.

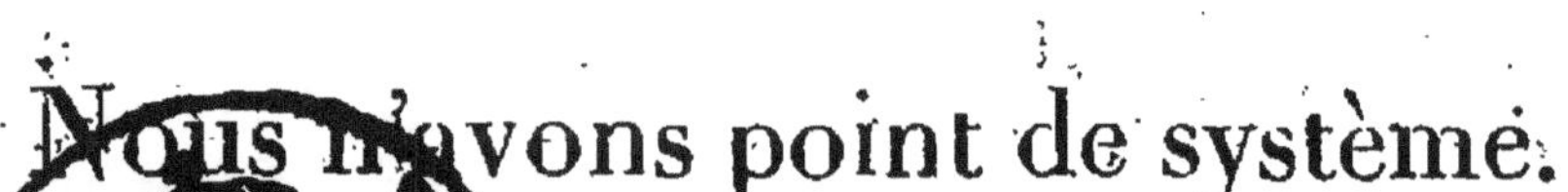

Nous n'avons point de système.

> Nul vent faict pour celui qui n'a point
> de port destiné.
>
> (MONTAIGNE.)

Un jour, une voix forte, une voix d'homme, fit descendre de la tribune aux harangues ces tristes paroles : « Depuis six ans la France n'est pas gouvernée. » Aujourd'hui, la même voix peut dire : « Depuis quatorze ans la France n'est pas gouvernée. »

Pourquoi ?

C'est qu'au lieu de songer d'abord où il devait aller, le gouvernement a commencé par se mettre en marche ; c'est qu'au lieu de choisir d'abord un système, et ensuite un ministère, on a d'abord nommé des ministres, et songé ensuite au système : le genre de travaux n'était pas adopté, que déjà les ouvriers étaient choisis. MM. de Blacas, Decazes, de Richelieu, de Villèle, ne sont pas montés au pouvoir pour y exécuter un plan de gouvernement, mais bien pour le tracer; ils n'ont pas eu la pensée du prince à traduire en action, mais ils lui ont apporté leurs idées à suivre.

En vain on me dira que le système de notre gouvernement est tracé par la charte; cela n'est pas vrai : la charte n'a posé que des principes; et, depuis quatorze ans, les opinions se partagent sur les conséquences qu'il en faut tirer : le sens des idées n'est pas fixé par l'application; la pratique n'a point expliqué la théorie. Nous avons des mots, et non des choses; nous n'avons point de système.

Si des pouvoirs organisés au profit de la charte, et dans son esprit, avaient mis ses doctrines à exécution; si les maximes avaient comme pris un corps qui les rendît visibles; si, en un mot, nous avions des institutions, une pairie, des colléges électoraux, un conseil privé, un conseil d'état, des conseils généraux, des conseils d'arrondissement, des conseils de préfecture, des conseils municipaux, formés en esprit et en vérité, on pourrait croire à l'existence d'un gouvernement et d'un système; ces flambeaux élevés sur la route ministérielle la rendraient facile à suivre aux hommes de bonne volonté; et quant aux hommes qui voudraient à dessein s'en écarter, les corps politiques dont nous venons de parler les obligeraient d'y rentrer.

Ces corps seraient des barrières ou des appuis suivant la marche que suivraient les ministres.

Mais jusqu'à leur établissement le champ politique restera libre aux directions les plus opposées : la France restera une table rase où chacun pourra bâtir à son tour ; comme sur un théâtre, chaque ministère y jouera sa pièce.

Les ministres passés ont eu la pairie par les nominations en masse, les tribunaux par les auditeurs ou par les conflits, les conseils d'état par les destitutions, les élections par la fraude ; nulle part ils n'ont trouvé d'obstacle, aucune résistance ne leur a été opposée ; la charte inanimée n'a pu contrarier aucun de leurs efforts.

Elle est une œuvre de sagesse ; mais elle n'est point, comme Minerve, sortie tout armée de la tête de Jupiter.

Il faut un système.

O Neptune! tu me sauveras si tu veulx;
si tu veulx, tu me perdras ; mais sy
tiendray-ie tousiours droict mon timon.

(MONTAIGNE.)

Cette absence de système a compromis la majesté de la couronne : elle a paru manquer ou de sagesse pour le tracer, ou de force pour le suivre.

L'hésitation a permis toutes les craintes et autorisé toutes les espérances.

Mais, au contraire, en se hâtant de consolider par des institutions le système adopté, on forçait l'opposition à s'y résigner comme à une nécessité.

Le gouvernement qui se fût nettement prononcé, qui, marchant dans la même route avec fermeté, se fût rendu le retour impossible à lui-même, eût découragé par là même tous ses ennemis, et ranimé le zèle de ses partisans. Nouveau Guillaume, avant de livrer sa bataille de Hastings, il devait brûler sa flotte.

Le Français, témoin de tous les changemens de système, a fini par les mépriser tous ; il s'est lassé d'obéir à des impulsions si différentes, et n'a plus songé qu'à ses intérêts particuliers ; ces terres, trop souvent remuées, sont devenues incapables de consistance.

Nos changemens de système sont de petites révolutions qui nourrissent l'esprit favorable aux grandes.

Ils forcent de briser violemment la majorité de la chambre haute, et forcent la pairie de mentir au profit des ministères.

La pairie, apanage réservé des hautes vertus, des grands services et des beaux talens, la pairie, destinée à recueillir toutes les gloires contemporaines, et qui devait, comme l'antique Panthéon, ne s'ouvrir qu'aux demi-dieux de la France, la pairie a deux fois reçu dans son sein des recrues ministérielles.

Ces changemens maintiennent au pouvoir, des ministres dont la chute est un bien pour le pays et pour le monarque.

Comme ces flèches de métal élevées au sommet de nos édifices pour attirer le fluide électrique, les têtes ministérielles sont élevées auprès du trône pour attirer à elles la haine et les orages populaires ; il est bon que parfois les ministres tombent, et qu'ils entraînent avec eux l'odieux dont ils sont chargés.

Ce système ne peut être l'ouvrage du ministère.

Rien de plus têtu qu'une excellence.

Tous les ministres qu'on a chargés de tracer un système l'ont tracé à leur profit; ils lui ont imposé avant tout l'obligation de les maintenir au pouvoir; ils l'ont plié à leur intérêt, ils en ont fait un instrument d'ambition.

Le meilleur système, aux yeux des ministres, est celui qui prolonge leur vie ministérielle.

S'il y a péril à confier le soin de faire les lois aux hommes qui les appliquent, le soin d'organiser le gouvernement ne peut être commis aux hommes destinés à gouverner.

Un conseil de la couronne où chaque opinion comme chaque service aurait un représentant, un conseil indépendant placé au-dessus de la crainte et de l'espérance, doit, pour ce grand ouvrage, aider le ministère, et prêter au monarque le secours de ses lumières.

Un ministère est rarement habile à constituer : il est par sa nature pouvoir exécutif; son avis sur le choix des grandes institutions qui doivent compléter la charte, peut être intéressé.

L'inspiration doit venir d'ailleurs. Le ministère pourra seul présenter aux chambres l'ensemble des lois organiques de la charte ; mais il aura dû associer à ses délibérations le conseil dont nous avons parlé.

On a commis une faute en donnant la charte à exécuter avant qu'elle fût faite.

Quel doit être ce système.

Tu ne mentiras pas.

Nous pouvons ignorer quels sont nos intérêts, mais nous saurons toujours quels sont nos devoirs.

Un roi peut être en doute sur les avantages d'une charte, mais il sait parfaitement s'il l'a jurée.

Quand François Ier eut cédé la Bourgogne pour prix de sa liberté, il quitta Madrid, et à petites journées s'achemina vers la frontière ; mais à peine eut-il posé le pied sur le sol français, que, résolu de manquer au traité, il monta à cheval, enfonça son chapeau, et se prit à courir en criant : « Je suis, je suis encore roi ! »

D'habiles gens voulaient aussi voir le Roi monter à cheval, et marcher contre la charte.

Mais le Roi avait juré.

Quand un tel serment eût compromis les droits de sa naissance, le Prince, comme un autre roi Jean, eût maintenu sa parole royale ; il eût accompli le sacrifice, il eût gardé les fers qu'il aurait acceptés.

Où serait l'honneur des nobles fidélités, si jamais elles ne coûtaient de sacrifices ?

Où seraient d'ailleurs les droits d'un monarque parjure à la confiance et au respect des peuples ?

Où est la loi, où est la morale, où est la religion qui lui permet de mentir par privilége ?

Où est, enfin, la sécurité d'un roi parjure devant les hommes, et son espoir devant Dieu ?

Le Roi de France a donc obéi à un devoir sacré en conservant la charte.

Et quels sont, d'ailleurs, les justes reproches qui peuvent s'adresser à notre belle constitution, dans l'intérêt de la monarchie ?

Si le Prince consulte son intérêt, ce système sera constitutionnel.

> La force des rois est dans le bien qu'ils
> font au peuple; il n'y en a point d'autre.

La charte ajoute aux lumières du prince les lumières des pairs, des députés, et du peuple.

Par cela même qu'il est plus éclairé, son gouvernement a plus de force; les hommes et les choses étant mieux connus, il fait de meilleurs choix et moins de fautes.

En se donnant l'appui des grands talens, il acquiert des droits à l'amour de la France, car le peuple jouit des récompenses accordées à ceux qu'il aime; le bien qu'on leur fait il le paye à son royal bienfaiteur en obéissance et en fidélité.

Plus éclairé, mieux obéi, et plus aimé, grâce à la charte, le roi par elle est aussi plus riche.

Admise par la charte à régler l'étendue des impôts, la nation pourvoit à tous les besoins avec zèle, car les peuples ont une résignation pour la justice.

Depuis la charte, le roi a donc moins à redouter les embarras de finance et les révoltes qui en sont la suite.

Il n'a plus à recourir aux dons gratuits, aux édits bursaux, aux lits de justice, aux réductions des rentes.

L'histoire financière de la France nous montre dans quel inextricable embarras se trouvait le monarque avant l'établissement de la charte.

La charte, qui lui assigne une liste civile pour toute la durée de son règne, soustrait son trésor aux chances de la fortune publique.

Le reproche fait à tant de rois, d'épuiser le trésor public pour satisfaire au luxe de la cour, n'est pas à redouter pour le roi selon la charte.

Et quand il veut ajouter comme particulier aux bienfaits qu'il accorde comme roi, quand il veut satisfaire à ce noble besoin qu'éprouvent les Bourbons, de soulager l'infortune, ce qu'il donne, puisé dans ses propres trésors, tire un prix nouveau du sacrifice qu'il impose.

Placé au sommet de l'édifice social, le roi selon la charte donne l'impulsion aux divers pouvoirs, il les dirige chacun à sa fin particulière, il les surveille et les tient en équilibre.

Considéré dans ses rapports avec le pouvoir législatif, il nomme les pairs, les présidens de colléges électoraux; il convoque, ajourne, les chambres, dissout la chambre basse, propose les lois, les sanctionne ou les rejette.

Considéré dans ses rapports avec le pouvoir judiciaire, il nomme et institue les juges, exerce sur les tribunaux une influence puissante par le choix du ministère public et par l'avancement donné aux magistrats; il a le droit de faire grâce.

Dépositaire de la force publique, le roi assure l'exécution des lois, met en mouvement le pouvoir exécutif, le délègue et le dirige; il nomme les ministres, les change et les révoque à sa volonté; il choisit l'immense multitude des fonctionnaires publics.

Le roi confère les dignités, décerne les honneurs, accorde les titres : ainsi le mérite et la vertu reçoivent de lui leur récompense, et c'est du trône qu'émanent tous ces bienfaits.

Chef suprême de l'état, chargé de récompenser tous les services, de protéger les arts, les sciences, et les lettres; investi du pouvoir de commander les armées et les flottes, de conclure des traités, de former des alliances : quel est le genre d'ambition qu'il ne puisse satisfaire? quel est le genre de gloire auquel il lui soit défendu d'aspirer?

Lui seul a l'initiative des lois, des réformes et des institutions patriotiques ; l'administration lui appartient toute entière ; il protège la religion , la sûreté , la liberté , la fortune de tous ; à tous il apparaît comme pouvoir tutélaire.

Et malgré cet immense pouvoir, il ne doit compte qu'à Dieu seul de sa conduite ; la charte a rendu sa personne inviolable et sacrée, elle l'a rendu inaccessible au blâme, elle l'a élevé au-dessus de la région des orages.

Roi d'un peuple guerrier, dont la liberté accroît la force et l'énergie, quelle entreprise est au-dessus de sa puissance? Roi des Français, quel ennemi a-t-il à craindre? roi de France, quel trône découvre-t-il autour de lui qui soit plus glorieux que le trône où il s'assied ?

La charte est à la fois une inspiration de gloire et de sagesse.

La charte, en élevant les Français, a élevé la royauté qui les domine.

Elle a rendu plus glorieux l'empire exercé sur un peuple libre.

Elle a donné du prix au respect qui environne le trône en le rendant volontaire.

En déchirant le voile qui couvrait les mystères du pouvoir, elle a forcé le prince à prendre l'engagement d'être juste, et la seule impuissance où elle l'ait mise est celle de faire le mal.

En donnant des droits aux citoyens elle a noblement supposé le roi capable de commander à des hommes.

On affecte des craintes pour la sûreté du trône, on le voit sans défense et dépouillé des prestiges qui l'environnaient.

Eh quoi! le roi n'est-il pas au milieu de cette France qu'il a rendue libre? les Français ont-ils coutume d'oublier les bienfaits, et ceux dont ils les ont reçus? manquent-ils de lumières pour les apprécier, et de courage pour les défendre? Le roi a autour de lui les amis de la patrie, de la liberté, et de la gloire; vous trouverez encore dans l'enceinte de son palais ces vieilles phalanges qui savent mourir et ne savent point se rendre. Parce qu'il est environné d'hommes nouveaux en est-il moins roi?... et l'appui incertain de quelques moines et de quelques privilégiés est-il plus ferme que celui d'une nation qui a vaincu l'Europe?

Ainsi la charte a pour elle sa royale origine, le vœu de la nation, le bien qu'elle a fait, le respect qu'elle inspire.

Le roi doit à la charte la chute de Buonaparte, le paiement des alliés, l'indemnité des émigrés; il lui doit le salut de la France.

Qu'eût fait de mieux l'ancien régime?

Les princes d'un génie borné craignent seuls d'affaiblir leur pouvoir en le partageant avec le peuple; mais en refusant d'associer le peuple au gouvernement ils se mettent dans la dépendance de leur cour et de leurs ministres; au lieu d'écouter l'opinion publique ils écoutent des opinions privées; leur ignorance borne un pouvoir qu'ils voulaient rendre absolu; à défaut de la loi le mécontentement public leur crée des obstacles; en voulant être maîtres de tout le peuple, ils se font les esclaves des moines ou de leurs valets; au lieu des conseils d'une assemblée nationale ils reçoivent les ordres de leur antichambre.

Il me convient d'ajouter une dernière considération à celles qui précèdent.

Comme Hercule, la charte a été forte dès le berceau; elle a grandi rapidement : on lui doit le respect qu'on doit aux puissances.

Ceux qui songent à la détruire ont à changer des habitudes déjà vieilles; ils ont à combattre nos idées, nos sentimens, et nos intérêts; ils ont à étouffer la lumière des sciences et des lettres; ils doivent, comme Josué, arrêter le soleil, commander à l'esprit humain de ne pas aller plus loin.

C'est la France qu'ils ont pour adversaire, et ils rêvent la victoire !

Louis XVIII a jugé la charte nécessaire en 1814; les motifs qui l'ont déterminé subsistent encore aujourd'hui : ils sont devenus plus nombreux, ils ont acquis plus de force.

Si l'ancien régime n'a point amené la révolution, du moins il n'a pu l'empêcher; donc en essayant de le rappeler on se replace à la veille d'une seconde révolution.

Il avait pour lui une antique possession; il avait des richesses, l'armée, le clergé, la cour, et l'administration; il avait pour lui l'habitude et le préjugé, les parlemens, et des troupes mercenaires : ces moyens n'ont pu le sauver, il les a perdus, et il a plus d'ennemis.

Il ne sera donc permis de renverser la charte qu'à la puissance assez forte pour triompher de la France entière, de cette France qui a vaincu le monde européen, et qui n'a point oublié ses victoires.

Dites-moi où est cette puissance.

On a dépouillé le pays de ses franchises, on lui a ôté ses magistrats municipaux, on a dispersé sa vieille armée et licencié sa garde civique; la censure a étouffé ses plaintes, la fraude a fait mentir sa tribune, son argent a payé sa servitude.

Une administration hostile, des confréries politiques, un ministère audacieux, ont jeté leurs chaînes sur le peuple, afin de comprimer tous ses mouvemens.

Mais, comme le Géant hébreux, le peuple a brisé ses fers, et il a emporté sur la montagne les portes de sa prison.

La charte est jurée ; elle est utile, elle est bien défendue : il y a donc mauvaise foi, sottise, et péril, à la détruire : elle a pour elle la religion, ses bienfaits, et sa force.

Comme la couronne de fer, elle a pour devise, Gare à qui me touche.

FIN DE LA PREMIÈRE LETTRE.

Sous presse :

IIe LETTRE.

Si la charte est dans l'intérêt de la royauté, pourquoi a-t-elle contre elle les royalistes ?

Pourquoi leur opposition a-t-elle été si puissante ?

Quelles sont les forces qu'elle a perdues ?

Quelles sont les forces qui lui restent ?

Quelles sont les forces qu'il faut lui ôter ?

Quels sont les moyens de lui ôter ces forces ?

VERSAILLES. — IMPRIMERIE DE F. N. ALLOIS,
avenue de Saint-Cloud, nº 3.